考古学家带你看中国

四川大学考古文博学院教授
三星堆5号、6号、7号坑发掘负责人

黎海超 著

三星堆
青铜时代的辉煌

耿朔　莫克夏　刘珺　松松发　供图

中国经济出版社
·北京·

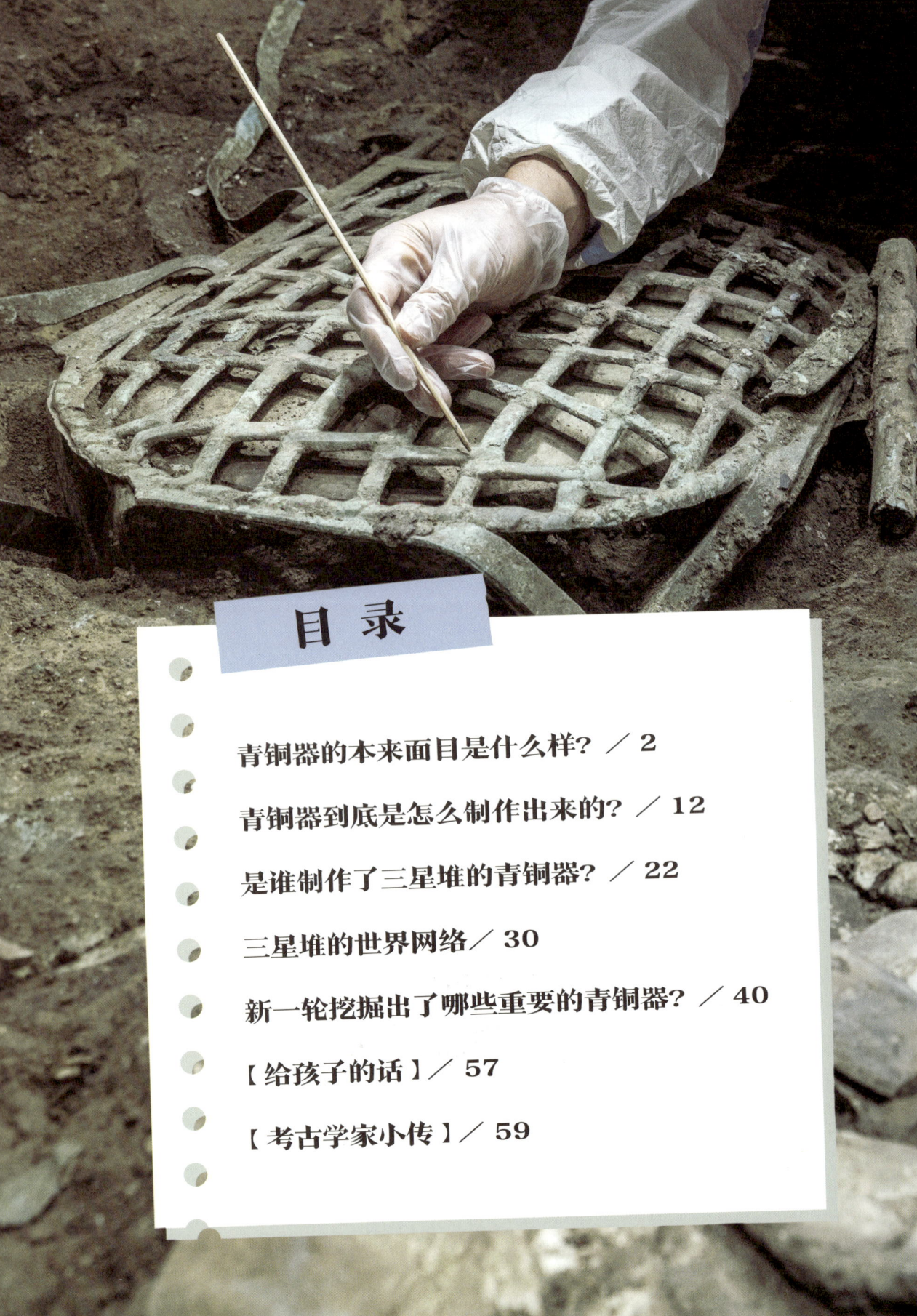

目　录

- 青铜器的本来面目是什么样？／2
- 青铜器到底是怎么制作出来的？／12
- 是谁制作了三星堆的青铜器？／22
- 三星堆的世界网络／30
- 新一轮挖掘出了哪些重要的青铜器？／40
- 【给孩子的话】／57
- 【考古学家小传】／59

三星堆遗址位于中国西南的四川广汉。遗址的总面积达12平方千米。在这里我们发现了规模宏大的城址，在城中还发现了宫殿基址、居住区、作坊区、祭祀区等，安排得井井有条。城外也有不少古人留下的遗迹。整个遗址延续的时间很长，从新石器时代起直至东周时期仍有人居住。但是最鼎盛的还是要数商时期，尤其是商代晚期。距离三星堆不远的金沙遗址与之关系密切。目前主流观点认为，三星堆衰亡后，古蜀中心便转移到金沙。

说起三星堆，大家都有一种共同的感觉，就是觉得它很神秘，但是神秘的点在哪儿呢？我想，最主要的原因，应该是三星堆的青铜器太特别了。巨大的青铜面具、青铜立人、青铜神树，这在其他地方都是没有见过的。正是因为太奇特了，所以一度出现把三星堆与外星文明联系起来的奇谈怪论。我们甚至可以说，三星堆之谜的核心，就在青铜器。

◂ 三星堆7号坑清理文物现场，2022年（余嘉/摄）

青铜器的本来面目是什么样？

首先，最重要的一个问题，也是大家往往容易存在误区的问题：三星堆的青铜器到底原本长什么样子？简单地说，现在我们在博物馆里看到的它的样子，跟三千年以前它原本的样子差异非常大。

青铜不是青色的

我曾问过一个小朋友，青铜为什么叫青铜呢？他说，很简单啊，因为是青色的铜，所以叫青铜。不少大人也是这么理解的，觉得青铜的青指的是颜色。其实这是一个误区。青铜是一种铜、铅、锡的合金。由这种合金做成的器物，我们叫它青铜器。

青铜不是青色的，那它原本是什么颜色？在三星堆我们暂时没有找到例子，但在中原地区有。左图的这件器物非常典型，它的身上有一些绿色的锈蚀，整体接近于黄金色调。所以说，**青铜原本的颜色是偏近黄金的颜色**。

吉金就是铜，用铜来铸造东西，有一种吉祥美好的寓意。如果大家有机会去陕西，不要

▲ 亚矣鼎（上海博物馆藏）

> 在中国早期的文献和青铜器铭文里，其实是没有'铜'这个字的，那时候管'铜'叫'吉金'。

只想着去看兵马俑，在宝鸡，有一个非常有名的宝鸡青铜器博物馆，里面珍藏着大量的国宝级青铜器。有的器物很多人乍看以为是金器，其实是青铜，因为它们保存得很好。

可能你要问了，为什么有的是这种金色的，有的就锈得那么厉害呢？这个跟它们的保存环境关系非常大。如果你有机会去湖北省博物馆，你会发现楚国的青铜器有很多是发黑的颜色。为什么楚国青铜器会发黑？因为很多青铜器一直是埋在水里面的，虽然表面发黑，其实这样一来对它整体的保存会更好一些。有一些喜欢研究青铜器的朋友，他们也可以根据青铜器表面锈的颜色，判断这可能是中国哪个地区出土的青铜器，背后的原理其实就是这个。有的是完全埋在水里的，有的是在半湿半干的环境中，所以呈现锈的颜色也就不太一样。

▶ 铜尊盘（湖北省博物馆藏　莫克夏/摄）

❓ 阳燧

阳燧（suì）又叫火镜，是一种凹面铜镜，古人用来聚集日光而取火。

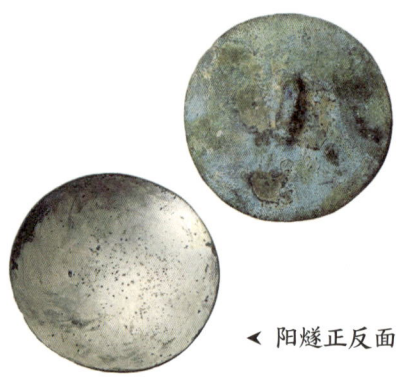

◀ 阳燧正反面

青铜并不都是一样的金色。金色也有不同的色调，铜、铅、锡三种原料的配比、含量不一样，颜色的色调也就不一样，有的会深一点，有的会浅一点。纯铜（铜含量超过99%的铜）其实是发红的，所以我们也称之为红铜。正是因为加了铅和锡之后，才变成金色。如果加比较多的锡，它就不是金色了，就变成一种偏银的颜色。所以，中国古代的铜镜大多含锡量非常高，抛光以后就可以当镜子来用。唐代诗人白居易写过一首诗，其中有这样的两句很传神：琼粉金膏磨莹已，化为一片秋潭水。

▲ 唐代鎏金花鸟纹菱花铜镜（松松发/摄）

◀ 东汉杜师玉女执镜妆容神兽画像镜（松松发/摄）

有彩绘的青铜器

三星堆的青铜器非常注重装饰性——非常善于使用彩绘,而且很喜欢使用红彩。曾有研究者对三星堆的一件出土器物进行了复原。

三星堆人怎么做这个东西呢?他们把朱砂填到有纹饰的缝隙里面,然后磨平,做一系列的处理。大家如果有机会在博物馆仔细观察三星堆的容器,就会发现,有些缝隙里面就有些红色的物质。

有学者做了铜器填色的复原,黄金与朱红结合,形成非常强的视觉效果。这也是三星堆自己的特色。下图中的尊在殷墟和其他地方也很流行,但是在中原那边,人们就不太喜欢在纹饰里填朱砂。

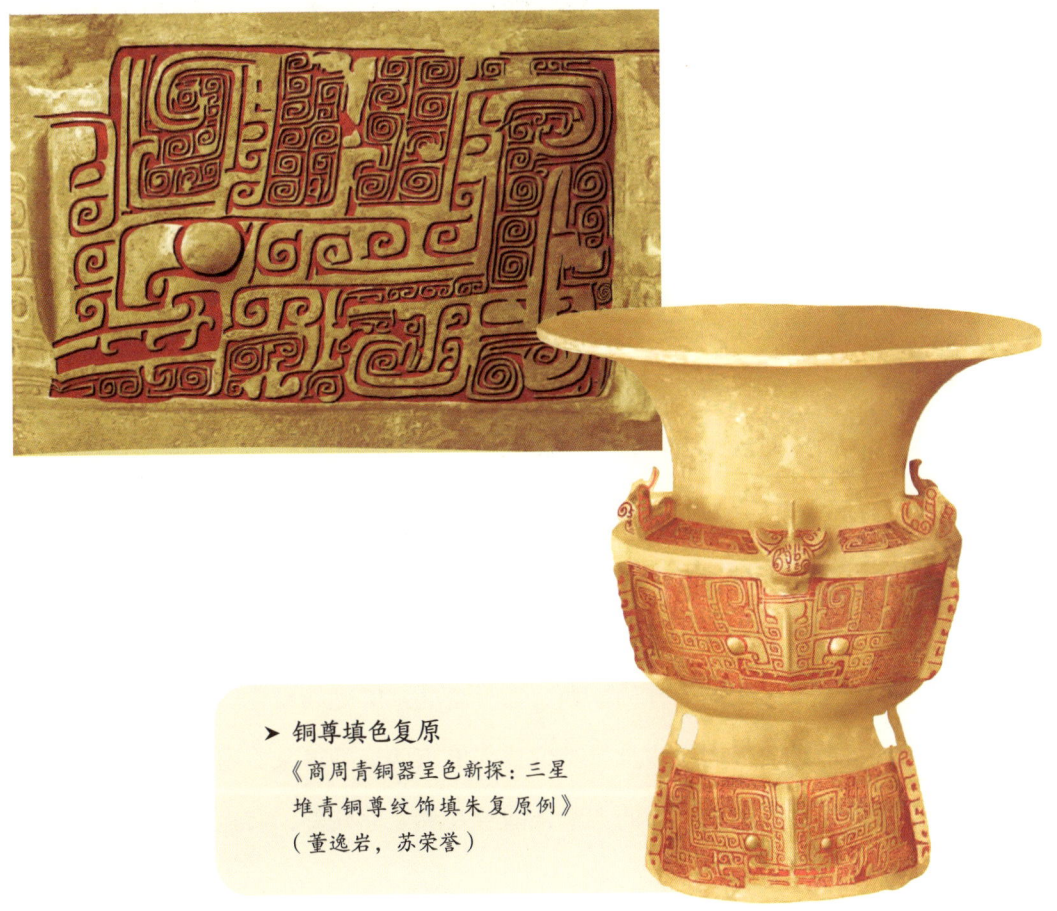

▶ 铜尊填色复原
《商周青铜器呈色新探:三星堆青铜尊纹饰填朱复原例》(董逸岩,苏荣誉)

这是刚出土的时候在坑里没提取出来的一个青铜的人头像,你仔细看的话,就会发现它的眉毛和眼睛是黑色的。

这也就是说,当时很多青铜人头像,眉毛、眼睛的地方都是涂了黑彩的,是一个很写实的状态。下次再去博物馆,你可以去找找看哪些器物上带着黑彩。有很多小的器物上面都有,如果不留意,一晃眼过去,什么都看不到。你仔细去看,一些青铜面具、人像,它的眉毛、眼睛都是涂的黑彩。我们可以想象一下,在金黄色的青铜面具上,涂着黑色的眉眼是怎样的效果。

所以说,三星堆器物在艺术方面有很强的写实倾向。我印象很深,我自己挖7号坑的时候,出土的第一件青铜人头像脸是朝下的,脑袋后面有根辫子,辫子先露出来。我们当时看到的第一眼是什么呢?是脑袋后面那根辫子上像红头绳一样的东西。那一道非常鲜艳的红色,就是用朱砂涂上去的,而且表现的应该就是类似头绳的东西。翻过来一看,正面眉眼涂着非常鲜艳的黑彩。还有的青铜人像会在嘴上涂红彩,有点像我们现代人涂口红。

三星堆不仅出青铜器，也出金器。下图是我们发掘出来的目前最大的一件黄金面具。

你看它已经残了一半了，剩下这一半的重量是280克。也就是说，如果复原起来，完整的黄金面具应该超过500克，那可能又会打破了三星堆的纪录。B站（bilibili）上有一位很火的UP主，自己花了几十万元，把这件黄金面具复原出来，他后来又复制了三星堆的金杖。这都是很有意思的尝试，我们现在也在做类似的工作，叫作实验考古。

> **这个面具是不是24K金？**
>
> 我们现在说的24K金又叫千足金，指含金量在99.96%及以上的黄金。三星堆的金器不是这样的标准，它有自己固定的成分，通常就是85%左右的金和15%左右的银。这是三星堆金器的一个技术特点。

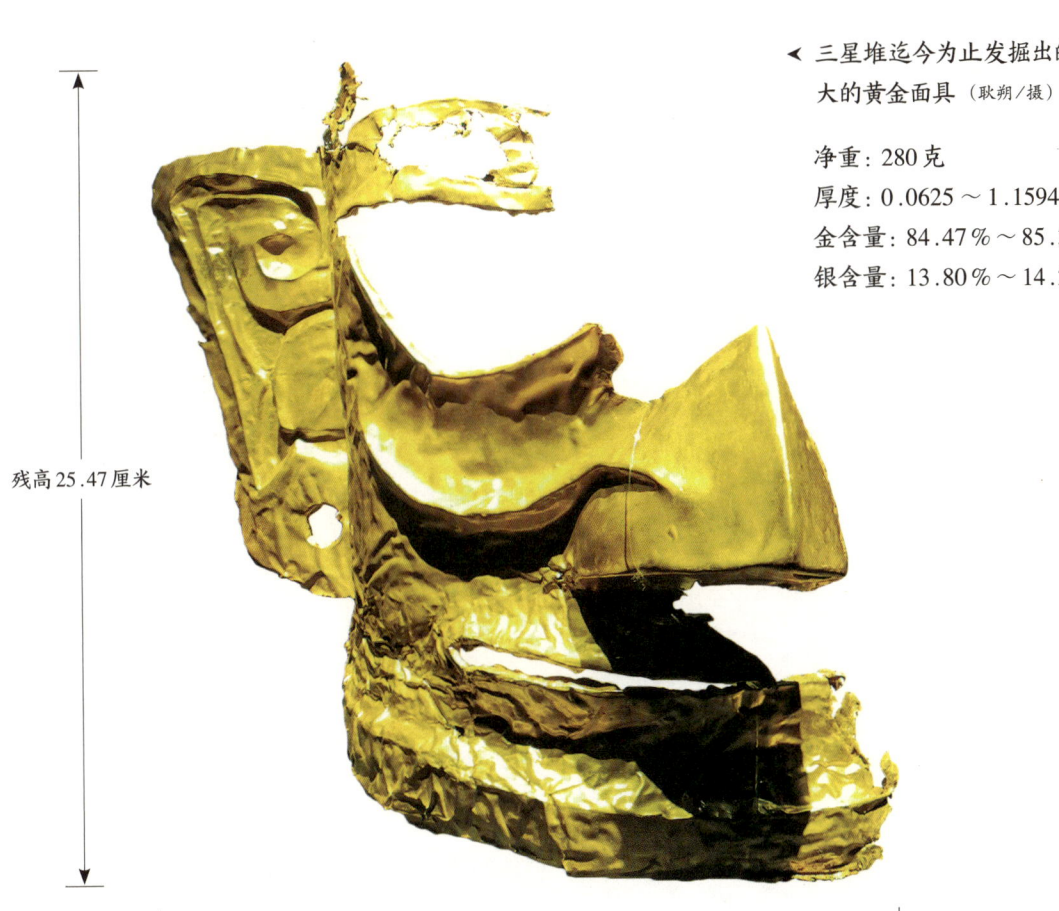

◀ 三星堆迄今为止发掘出的最大的黄金面具（耿朔/摄）

净重：280克
厚度：0.0625～1.1594毫米
金含量：84.47%～85.33%
银含量：13.80%～14.25%

残高25.47厘米

残宽27.8厘米

▲ 金面罩

▲ 金鸟形饰

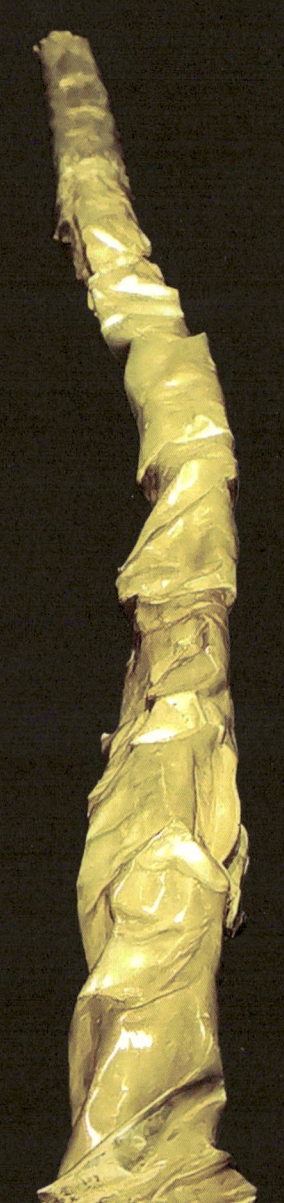
▲▼ 金杖

▲ 金面罩

(耿朔/摄)

不知你有没有发现一个问题？三星堆有些黄金面具是跟青铜的人头像结合在一起的。那么问题来了，我们现在在博物馆常看到的是一个个青绿色的人头像，戴着金灿灿的黄金面具，颜色对比非常鲜明。那是因为青铜人头像锈了，而黄金非常稳定。可是，它们刚被制作出来的时候，青铜和黄金都是金灿灿的，你想想，这个视觉效果是不是远不如现在看起来显眼？

三星堆人为什么要这么做？虽然现在我们并没有完全搞清楚，但还是找到了一些答案。

其实这个答案就蕴藏在它的金面具上，仔细看是能看得出来的。给大家留一个小悬念，这件器物就摆在三星堆博物馆里面，以后去博物馆的时候，看能不能自己找到。🅐

▲ 三星堆遗址出土的黄金面具
1986年三星堆遗址2号祭祀坑出土，面罩系用金薄片制成，眼眉镂空，推测是用土漆和石灰作黏合剂，粘贴于头像之上。

▲ 黄金面罩青铜人头像（莫克夏/摄）

🅐 如果你到现场去仔细看，会发现金面具的表面，尤其在耳朵这个地方，有一些类似于彩绘的东西。所以，答案就是，这个金面具上面原本也有彩绘，只是这个彩绘我们现在不太容易看到，也很难分辨。很多考古人即便经常看到它，也很容易忽视上面的线条。你下次去博物馆可以留意看看它的耳朵，可以看到不太明显的彩绘的线条。你可以再找找其他器物上的，也许会有更多发现。

11

青铜器到底是怎么制作出来的？

我给同学们讲青铜器知识时，常开玩笑说，大家知道去看博物馆，怎么样才能显得有水平一点吗？别总说，"哇，这个好大！""哇，这个好漂亮！"全都是形容词。你可以说，看，这是青铜器的范缝，这是用怎样怎样的技术做出来的。其实这个很好学，也很有意思，旁边的人一定会对你刮目相看，以为你是考古专家之类的。

我们要知道，中国的青铜铸造技术跟西方在大传统上是不一样的，尤其铸造工艺的差异非常大。

最大的差别是什么呢？中国人铸造青铜器，是用陶范，一会儿我们会详细讲。而西方人制作青铜器主要有两种方法，一种是锻打法，一种是失蜡法。

◀ 凤鸟纹提梁卣
（刘珺/摄）

▶ 亚丑钺（刘珺/摄）

▶ 青铜神坛（耿朔/摄）

什么叫锻打法？我们在电视上看到过，铁匠在那儿拿着小锤不断地敲，这种就是锻打。

失蜡法是什么呢？简单说，就是想要做一个什么样的器物，就先用蜡做成一个相同的模型。做完之后，在外面浇上一层泥巴砂浆一样的东西。干了之后，外面就有一层泥壳。一加热，蜡就流出去了，里面就形成一个空腔。然后，再把铜液浇进去，里面铜液的形状固定之后，就是原来蜡模型的形状。失蜡法到现在也是铸造各种金属的主要技术。

做一件青铜鼎需要哪些工序？

▲ 青铜鼎

相对来说，我们中国铸造的技术可以说非常复杂。有多复杂？我们看这件很典型的青铜鼎。

首先，我们要用泥巴做个一模一样的鼎，做成带着纹饰的陶模，这是第一步。第二步，做外面的范，就是下图中有数字2的这三块。像贴橡皮泥一样，你把它靠上去一印，形状和纹饰就印到外范上了，这样外范就形成了。第三步，是要把你原本做的模子外表刮掉一层，刮成一个素面的，就形成它的芯。

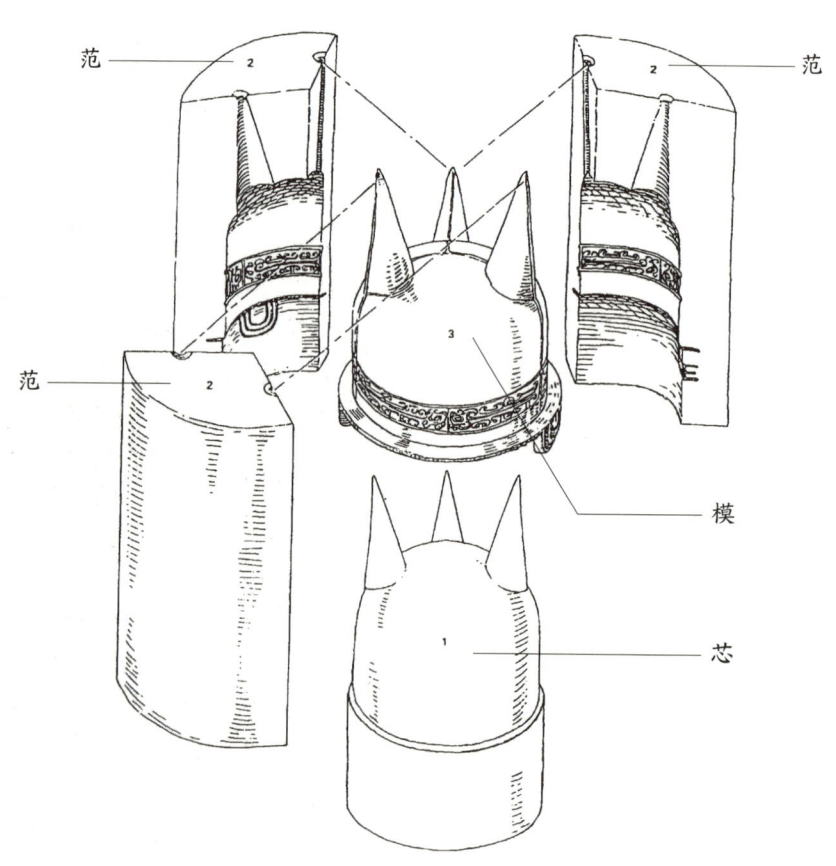

最终怎么制造呢？就是把外面的范和里面的芯合到一起，中间就有一个非常薄的小空腔，铜液浇铸下去就变成青铜器了。模、范、芯，是不是在这儿看到了一个非常熟悉的词？对，就是我们现在说的"模范"，跟中国古代青铜器铸造技术中的模、范是一样的字眼。

湖北省博物馆做过一个展示，我觉得特别好，很形象。做一个青铜器，分几步呢？第一步，我们要做一个泥模，一个跟它一模一样的泥质模型。这件觚（gū）是分成了两块做的，因为底下有一个圈足，下面是有底的，要想做出这个底，就得把泥范分成两部分。

第二步是分外范。这件器物分成三块外范，外范往模上一贴，就把纹饰像印橡皮泥似的印上去了。

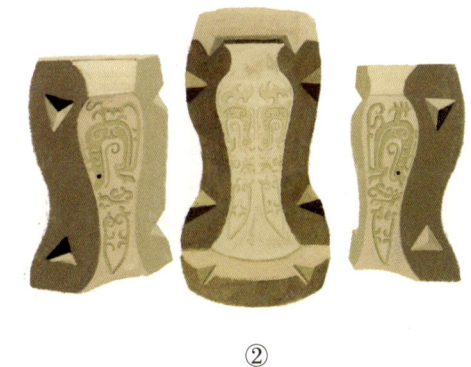

①

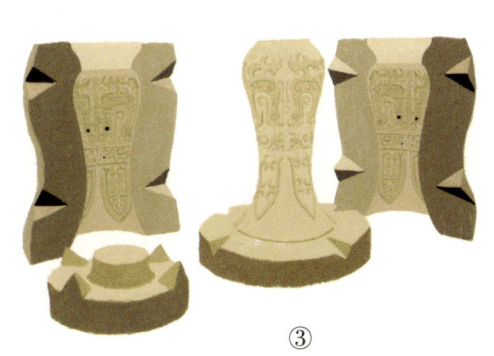

③

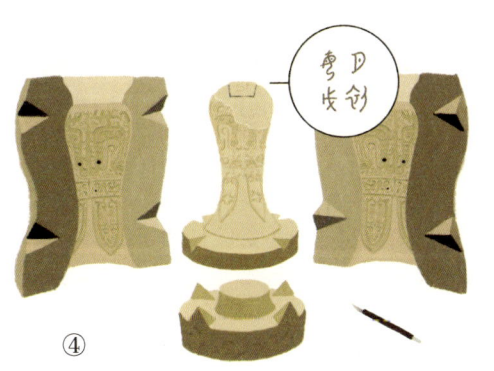

②

④

第三步是刻范文。这个外范虽然把纹饰印上去了，但是它只能印一个大概，我们还需要做更精细的线条怎么办？那就在外范上刻画一些更精细的范纹，做细节的处理。如果青铜器上有铭文的话，还需要把铭文单独刻字，单独做一块铭文范。也就是博物馆为我们展示的第四步。

15

第五步，制内范。现在我们已经做了一个模子了，接下来要把这个模子刮掉一层。为什么要刮掉一层？为了形成浇铸空间。你刮掉1毫米，将来青铜器的厚度就是1毫米；刮掉2毫米，厚度就是2毫米。刮掉之后，外范和内芯之间就会形成一个空腔。

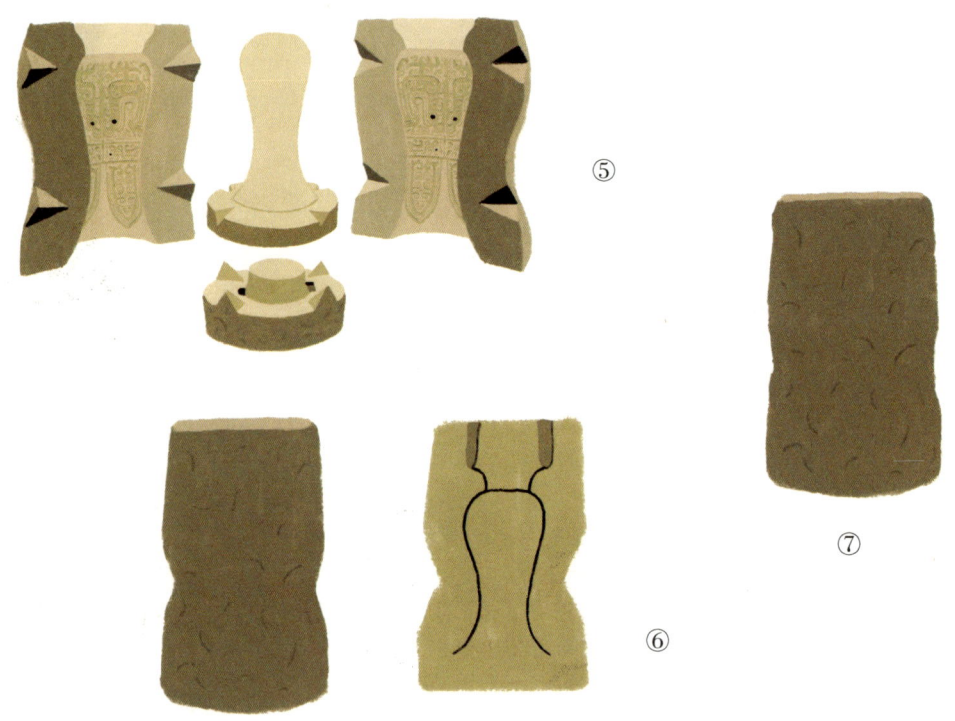

⑤

⑥

⑦

第六步，合范。我们看这组合到一起的样子，里面的形状就是已经刮掉泥巴的芯，把外范合起来，中间是不是就形成一个非常非常薄的空腔？最上面有两个小的豁口，铜液就是从这儿浇进来，又溢出去，这个黑色的就是一个腔体。铜液顺着豁口浇下来，把这个腔填满了，凝固了之后，青铜器就形成了。当然中间会有很多细节的问题。比如说，这个范不能直接用铜液浇，一浇的话就会破裂，那就浇铸失败了，需要先烘烤一下。这就是第七步，外糊草拌泥，烘范。

最后浇铸出来就是这样一个效果，我们把这个范打碎，所有陶范都是一次性的，做完之后就不用了。范打碎之后，我们把器物取出来，再打磨、抛光，等等。这就是一件青铜器完整的制造流程。

⑧

读者朋友们看到这里，是不是已经觉得这个技术很复杂了？但是更复杂的是，如果大家有机会自己按照这个方法做一下，几乎没有人能做出一件完整的器物来。

我们大部分的青铜器是1~2毫米的厚度，也就是说，这么大一件器物，外范和内芯稍微有一丁点儿的错位就粘在一起了。粘在一起会怎么样呢？这件器物做完就会有一个大窟窿，那就铸造失败了。铜液（铜、铅、锡）调的比例不对，浇进去，流到一半就凝固了，剩下的没有成形，那么又铸造失败了。陶范烘烤的温度不合适，刚浇进去铜液就裂了，也失败了。

▼ 兽面纹觚

我有时候跟搞现代机械工业研究的人说，你们挑战一下，就用古代陶范的技术，去做相同的青铜器，我想没有人能够做出完全相同质量的青铜器。为什么古人能做出来？古人聪明是当然，更重要的是他们有我们现在说的"大国工匠"的精神，这不是我们现在才有的精神。我们的祖先已经积累了几千年。这些工匠一辈子可能就干这一件事，干不好命就没了，你说他能不把这件事做好吗？这个技术在当时就好比我们现在的核技术一样，是最尖端的技术，不是每个地方、每个人都能掌握的。

给青铜器照X光和CT了解铸造技术

现在研究青铜器的制作技术，我们也会用很多科技设备做。小的、比较薄的器物，能量要求不高，可以用X光做透视。大的器物，我们有时候会跟汽车厂合作，用大的工业CT去看它里面的一些铸造的技术。

大家现在在博物馆看到的神树是非常高的、修得很好的，其实它出土时断得非常严重。大家考虑过这个问题吗？青铜神树是怎么制作出来的？3米多，那么高的树，那么复杂，不可能是一次性浇出来的，现在也没有这样的技术。其实，它就是一截一截接起来的。它的树枝，小的零件，都是一段一段地做出来，然后再一段一段地用古代焊接或铸接的方式连接起来。我们是怎么知道的呢？有学者给这些残存的树枝照了CT，发现里面有很重要的连接证据，非常有意思。

◀ 青铜神树复原全貌

神树由底座、树和龙三部分组成。铜树的底座呈穹窿形，其下为圆形座圈，底座由三面弧边三角状镂空虚面构成，形成了三山相连的"神山"。座上铸饰象征太阳的"☉"纹与云气纹。铜树则铸于"神山之巅"的正中，卓然挺拔，有直接天宇之势。树分为三层，每层三枝，共九枝。每枝上有一仰一垂的两果枝，果枝上立着小鸟。树侧有一条紧贴着树、逶迤而下、身似绳索的铜龙，整条龙造型怪异诡谲，莫可名状。

▲ 青铜神树（耿朔/摄）

▼ 青铜神树
（耿朔/摄）

▲ 青铜神树上的鸟（莫克夏/摄）

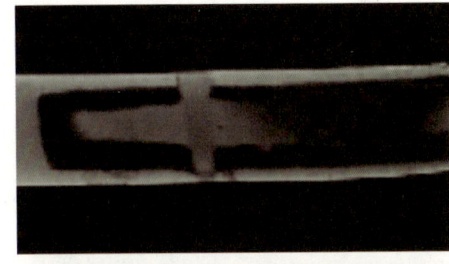

图片来源：《三星堆出土青铜器铸造工艺补议》（郭建波等，《南方文物》，2021年第3期）

除了X光和CT，我们还用另外一种技术了解制作工艺，就是把破损厉害的青铜器样品，取一小块下来，用树脂镶嵌起来，再把它磨平，通过观察它的微观组织，去判断它的制造工艺。锻打出来的组织，跟铸造出来的组织，是完全不一样的。

21

是谁制作了三星堆的青铜器?

当时无论是中原的商王朝,还是长江流域,制作青铜器的技术都大同小异。那么,三星堆的青铜器呢?是谁制作的?有人说是外星人做的,还有人说跟埃及人有关。有这样的可能性吗?我们需要用一个科学的态度去解答这些问题。

我们可以先做一个假设。假如三千年以后的考古学家开始发掘,那么,我们现在这些人就变成他们发掘的对象;我们现在用的手机,就像我们现在要研究的三星堆的青铜器一样。比如这些考古学家在成都进行发掘,他们发现了一堆人,而且这些人每个人都带着一部手机。仔细看了一下品牌,主要是华为。他们因此得出一个结论,说三千年以前中国人使用的都是国产品牌,写了一篇论文发表了。

然后又过了一段时间,另外一些考古学家在另外一个区域发掘,又发现一堆人,这里的人用的都是苹果手机。然后得出一个与前面截然不同的结论,说中国人那时候主要用的是苹果手机,不是华为手机。

研究三星堆青铜器的产地,跟我刚才讲的这个例子有点像。中国人到底是用华为还是用苹果?大家其实都很清楚,

> 关于三星堆的青铜器，以前主要有两种观点：一种观点认为这是三星堆人自己在当地做的，还有一种观点觉得这是其他地方做的。但是，根据现在的研究，我们认为，每种情况都是有可能的，而且不止两种可能性。

都在用，而且不止这两个牌子。如果我们做得更细一点，把手机拆分了，你就会发现，摄像头是这儿产的，芯片是那儿产的，是各个地方组装在一起的东西。

三星堆青铜器也是类似的情况。我们现在的人很容易忽略古人的智慧和他们的复杂程度。

▲ 三星堆青铜神坛

▲ 商代兽面青铜像

为什么这么说？因为铜器的制作地点很难用单一的模式来解读。比如，做铜器的工匠可能是三星堆人，可能是同时期商王朝的，还有可能是长江中下游或其他地区的。还有更复杂的情况，比如当时商王朝的人到这儿来了，三星堆人跟他学了这个技术。那这又怎么定性呢？

工匠的组成很复杂，青铜原料的来源也很复杂。三星堆附近的彭州有很重要的铜矿，有人猜测这可能是三星堆铜料的来源；但根据科技分析的结果，也有人认为原料是从外地进来的。这还只是铜，我们前面讲过青铜成分里还有铅和锡，那又可能是不同的来源，所以就更复杂。这些青铜器的生产地点也不局限于三星堆，在河南、湖南、江西生产都有可能。

当时的工匠也是一类很重要的资源。就像金和银一样，工匠同样是重要的资源。这在很多文献记载里面都能看到。比如周灭商以后，要分封，分封的时候要把很多工匠一起分过去，这可是重要生产力。古代打仗要去劫掠对方，可能把所有人都杀了，但基本不会有人杀工匠，因为工匠这类资源太宝贵，一定要掠回来自己使用。在三星堆，我们看到有不同的技术混合在一起，所以，工匠说不准是不同区域的。

三星堆铜器产地问题

工 匠	金属原料	生产地点
三星堆人 商人 长江中下游区域工匠	本地原料 外地原料	三星堆当地生产 殷墟生产 长江中下游生产

❓ **你想学考古吗？**

现在很多小朋友对考古特别着迷，从小就立志要干这个行业。有热情很好，但前提是我们要客观地认识考古，这个学科可能跟大家在影视作品，甚至纪录片里看到的考古不完全是一回事。

前段时间我去一个初中做讲座，讲完之后大家提问。有几个同学围着我说："老师，我们将来打算从事考古行业，我们想了解一下这个行业的待遇啊、发展前景啊，等等。"问得非常具体。我心情非常复杂，也很震惊。很多人觉得干考古会很穷，其实也并没有，当然学考古专业也发不了财，但又有哪个专业是保发财的呢？能有尊严体面的生活，又能追逐真正的兴趣，我想就足够了吧。

> 为什么要考古呢？我们想知道过去发生了什么。
>
> 考古工作是既枯燥又有意思的学术研究。干考古不是每天东跑西跑，有事没事地找地方去挖就可以了。那只是工作中非常非常小的一个部分。

不仅工匠、原料的情况很复杂，铸造的地点也有很多不同的可能性。当你把这三种层面的信息排列组合，你就会发现实际情况是非常多样的。三星堆人可以自己在当地，用

▲ 青铜蛇

当地的原料做铜器；商朝人可以带着外来的原料跑到三星堆来做铜器；长江流域的人也可以跑到三星堆，用当地原料在当地做铜器。有的铜器就是在别的地方做好了，直接运过来。不要觉得很离奇，可能性非常大。所以每一种可能性都是存在的，**我们现在初步研究的结论，是当时三星堆对外交流的复杂程度远远超乎大家之前的想象。**

怎么去解决三星堆青铜器的问题？还是要用到科技的手段。

我们对三星堆一些青铜器做了铅同位素分析和微量元素分析。通过检测，我们得到了两种数据。这两种数据有什么用呢？简单来说，在一种绝对理想的状态下，地球上不同的矿山，它的铅同位素或者微量元素的含量都有自己的特点。微量元素还被称作"指纹元素"，就好像不同地区的矿山有自己独特的指纹一样。理论上讲，如果我们测知了青铜器的指纹元素，就可以像警察断案一样，按照指纹去对比，看看这个料到底是从哪个矿山来的。注意，这是一种理论上的状态，实际情况要复杂得多。人的指纹不能重合，但是矿山的"指纹"经常重合。

在对三星堆的青铜器做了这样一系列研究，包括铅同位素、微量元素的一些分析后，得出的结论让我们很震惊。

空间上的对比

类别	1组	2组	3组	4组	6组	7组	9组	11组	12组	13组	14组	16组	数据量
三星堆非本地风格	66.67%	22.22%	-	0	-	-	-	11.11%	-	-	-	-	18
三星堆本地风格	62.96%	29.63%	-	0	7.41%	-	-	-	-	-	-	-	27
黄河流域晚商铜器	21%	25%	-	-	-	-	20%	-	16%	-	-	-	426

（微量元素分组结果）

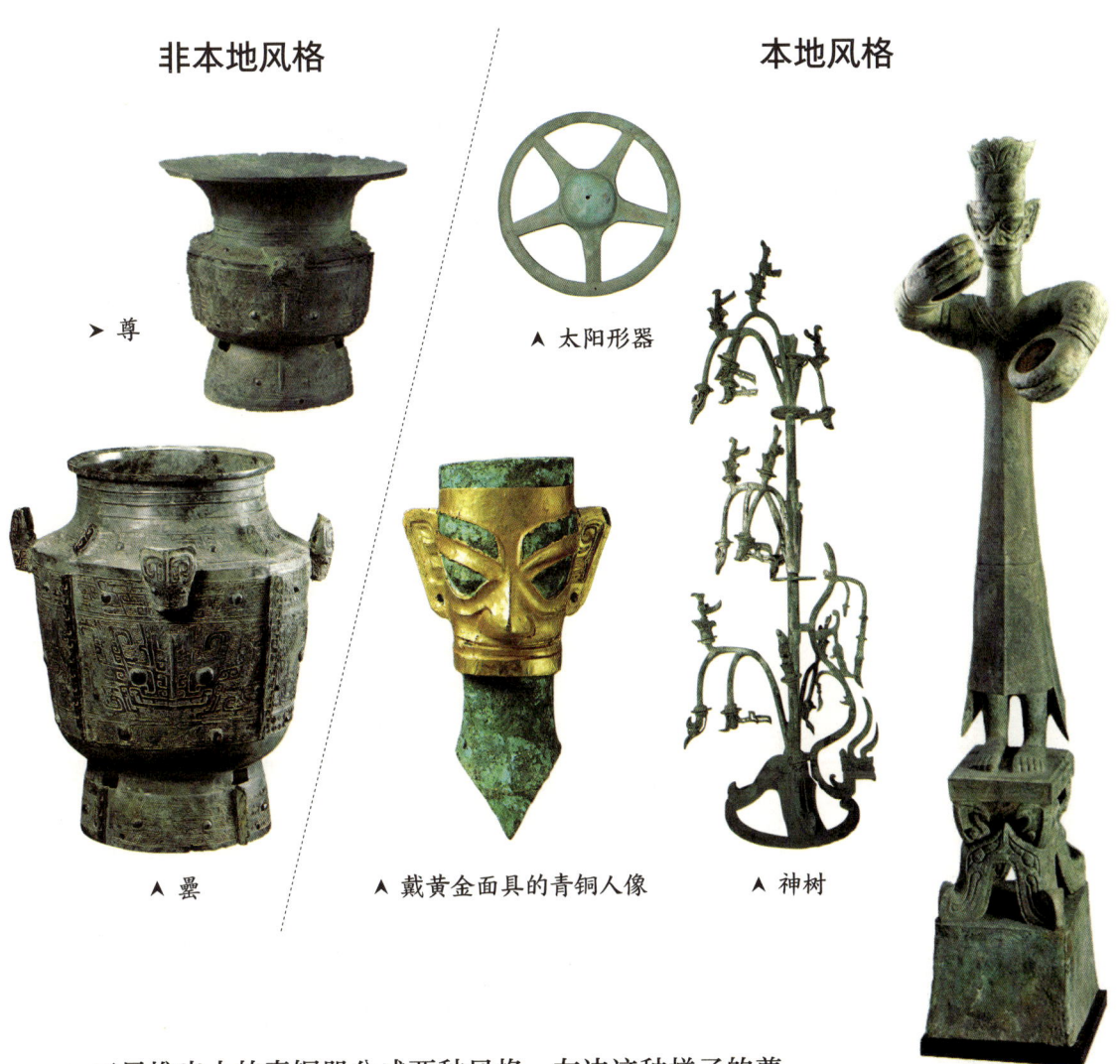

非本地风格　　　　　本地风格

▶ 尊

▲ 太阳形器

▲ 罍

▲ 戴黄金面具的青铜人像

▲ 神树

▲ 大立人

　　三星堆出土的青铜器分成两种风格。左边这种样子的尊和罍（léi），不是本地风格的东西，那是长江流域风格的青铜器。还有一类，是本地风格的。哪些呢？比如所有关于人的形象，像大立人、青铜人像、面具等，都是本地风格的；还有神树和方向盘一样的太阳形器，这些东西都是本地风格的。

　　以往大家一直有一个猜测，都觉得这两类东西一定是不同地区生产的。但是，我们检测了这些青铜器之后发现，这两类东西用的原料是完全一样的，完全看不出来什么差异。所以，**起码从原料上来说，两种风格的青铜器是没有区别的**。

三星堆为什么没有发现文字呢?

大家都很期待在三星堆发现文字。确实,现在文字对日常生活来讲非常重要,也很少有文盲,但是在古代,文字是适应特殊需要才产生的,是社会最高等级的人来使用的。也就是说,文字对于文明、国家来说不是一个必需品。比如,甲骨文这套系统是怎么产生的?是跟占卜有关。青铜器上的金文呢?那是因为王公贵族要在上面留下铭记,铸上"子子孙孙永保用",以传万世。有了特定的需求,才会有文字。在古代,绝大部分的人是文盲,文字是无用的,甚至一些写青铜器铭文的工匠也未必识字。有的铜器铭文歪歪扭扭,还写错字。所以,文字一定是掌握在少数人手里面的,是一种有需求才会产生的系统。

至今在三星堆没发现文字,说明三星堆文明对文字可能没有太多的需求。而且,文字跟语言是两回事,没有文字不代表没有语言,不意味着人不能沟通。语言是另一套系统,有语言没文字的情况也很常见。传递信息也可以用其他各种各样的方式,不一定非要用文字。

我认为,用不用文字对三星堆来说应该还是一种自己文化上的选择。如果想要有文字,以它当时跟商王朝那种层次的密切交流,应该不是什么难事吧。可能是三星堆人对文字没有那么强的需求,才出现了没文字的情况,这种可能性会更大一些。当然,如果将来能在三星堆发现文字,那对于我们解读三星堆文化来说再好不过了。

三星堆文化主要阶段与晚商时期重合。大家前阵子看电影《封神》,故事发生的时代背景与三星堆最繁盛的阶段是同时期的。当我们把三星堆的铜器数据,与同期中原地区晚商时期的铜器数据做了对比后发现,其中竟然有一些原料是有联系的,而且有相当部分的重合。

三星堆青铜器的铅同位素跟殷墟铜器主要的类型也是一样的。而且,它们都用的是一种很特别的原料,我们称之为"高放射性成因铅",这是一种神秘的原料,因为这种原料在全世界都非常少。出产这种原料的矿山在哪儿我们还不知道。目前有很多推测,云南、山西、河南、陕西……只是还没找着。但是不管哪儿来的,**我们起码知道了一个关键点,就是三星堆青铜器的料,跟当时商王朝的料关系密切**。也就是说,三星堆可能跟当时的商王朝在青铜原料上有资源的交流。

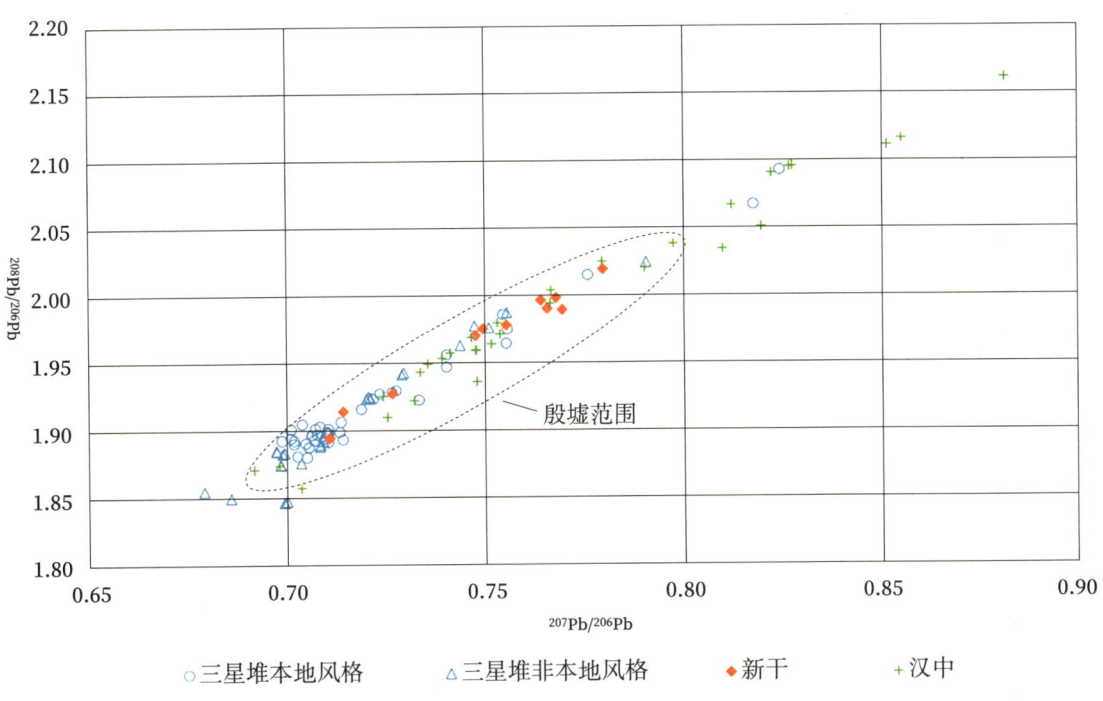

考古=人文+科技

以前一讲到考古，大家脑子里面想的都是纪录片里面的，就是一个人趴在地上，蹲在地上，拿个小刷子，刷刷刷，要不然就拿一个小铲子在那儿挖土。公众对考古往往有些刻板印象，也存在着一些误解。有对考古文物本身的误解，也有对考古行业的误解。

做考古，首先，是大家认知中的发掘，这是最基础的。其次，考古研究的是古代的东西，所以考古人要很熟悉古代的相关文献。最后，在新时代做考古，还需要你去了解一些现代科技的手段，物理的、化学的、生物的，等等。这都有助于我们去解决考古问题。所以，考古是对人综合能力要求很高的学科。

三星堆的世界网络

一提到四川,大家就会想到李白的"蜀道之难,难于上青天",觉得这是一个特别闭塞的地方,认为三星堆也是这个闭塞区域里发展起来的神秘文明。但通过一系列的研究,我现在越来越觉得,**三星堆文明发达的一个很重要的原因,可能反而在于它区位的优势。**

让我们把视野放大,跳出三星堆,会发现什么呢?

我们会发现,三星堆所在的四川盆地,是几大文化圈的一个枢纽点。哪几大文化圈?往东北这边是中原的商文化圈;顺着长江往下,是长江中下游一系列的青铜文化;往南边,通过云贵地区连接南亚、东南亚,这又是一个大的文化圈;往西边,经中国西北可以到中西亚地区,也是另外一个大的文化圈。你看,它正好是几个大的文化圈中间的一个枢纽。

这个区位的优势是怎么利用的呢?我觉得它发挥了一个很重要的资源集聚和转运的作用,说白了有点像贸易城市。很多不同区域的资源,通过它汇聚,再往不同的地方运输。这个可能是它崛起的,乃至其衰亡的重要因素。我目前正在尝试构建这样一个网络,还没有完成,只是把初步的想法跟大家分享。

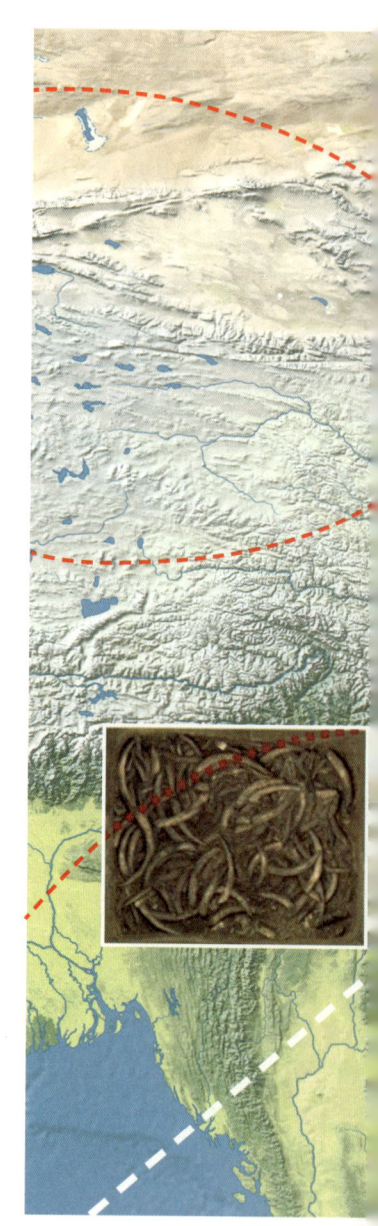

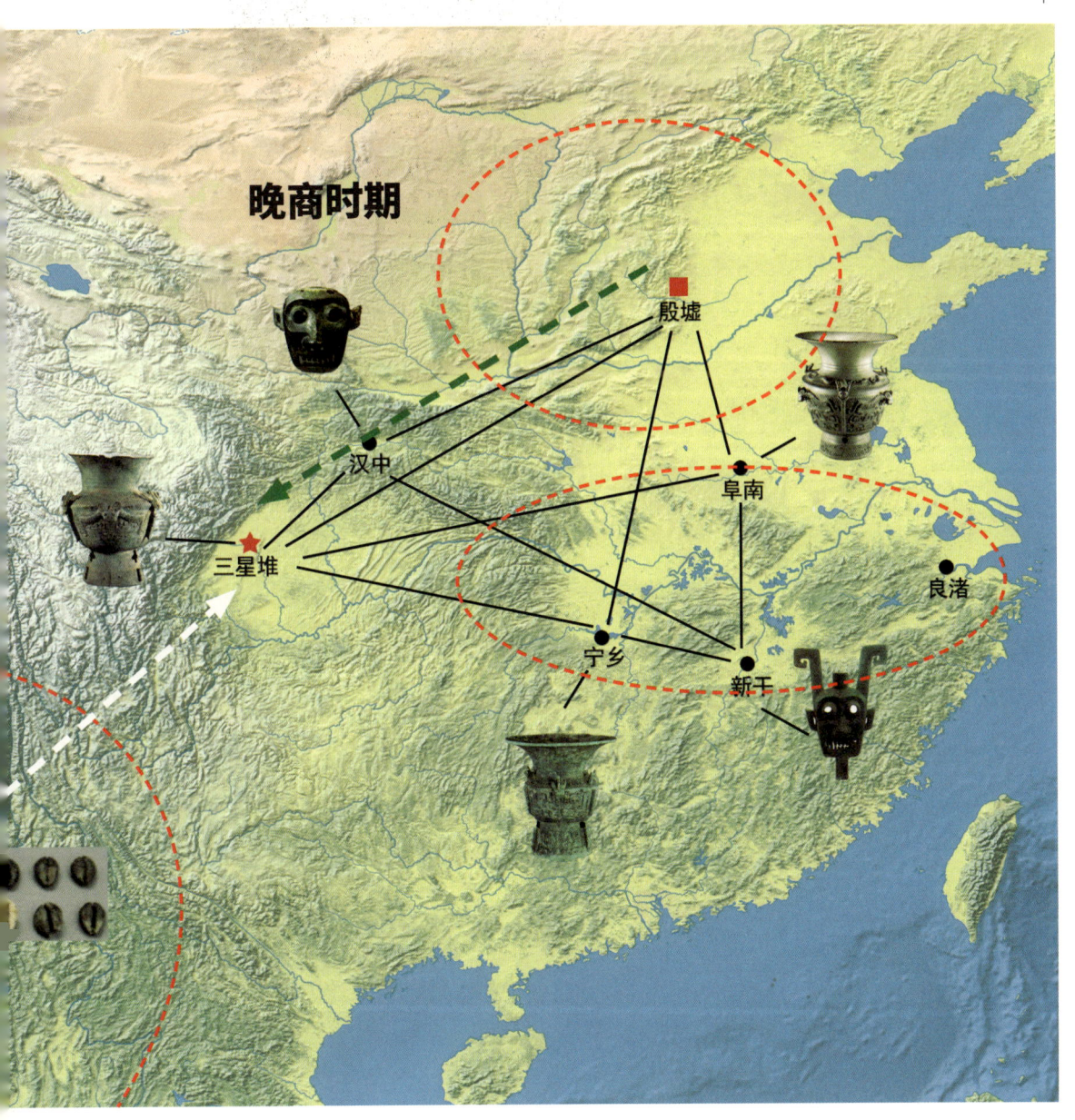

> 三星堆绝对不是一个闭塞的文明,它拥有着超强的、沟通远距离文化和资源的交流能力,这是三星堆文化的显著特质。

▲ 三星堆出土的龙虎尊

关于这个网络,我们在考古上已经看到很多非常鲜明的证据。比如,三星堆出土的龙虎尊,在安徽阜南可以见到同类器物,在长江流域很多地点都出土过风格类似的铜尊和铜罍。在汉水流域发现的铜面具,跟江西新干出土的面具非常相似。我们认为商代晚期时,长江流域已经通过水路形成了交流密切的网络。而这网络中的每个点,都显示出与黄河流域商王朝的密切联系。这可能是从考古中见到的黄河和长江流域首次形成的大型交流网络。

实际上,三星堆对外交流的范围还要远远超出这一网络。例如,三星堆所见的玉琮,尽管产地不明,但玉琮是浙江良渚文化的典型器物,两地直线距离超过1500千米。另外,三星堆大量出土的海贝,只出产于中国南海、印度洋这样的热带海域。在3000多年前,小小的海贝是怎样跨越上千千米的距离来到今天的广汉呢?这个距离是什么概念呢?即便在三星堆与印度洋之间修一条笔直的柏油马路,一个健壮的成年人每天连续走8个小时,也要走两个多月。更何况,路途上有各种天险阻隔。"蜀道之难,难于上青天",李白的这句诗让很多人觉得三星堆是封闭的文化。而事实上,三星堆与其他区域的文化关联远远超出我们的想象。想要理解三星堆,首先需要跳出三星堆。

刚刚讲的原料的问题,我们不只做了三星堆的,还把本地金沙遗址的青铜器、成都平原更晚的东周时期遗址的青铜器,全都系统地做了分析,形成了一个时间清晰的数据库。

▲ 时间上的对比(巴蜀铜器科技数据库)

结果就更有意思了!还记得我们前面讲到,三星堆跟商王朝的原料看检测结果是有关系的吗?但是三星堆跟金沙的青铜器,以及本地东周时期的青铜器,原料是完全不一样的。这意味着什么呢?意味着三星堆的原料可能并没有使用成都平原当地的原料,很有可能就是从殷墟或别的地方,通过交流的方式运过来的。

❓ 三星堆与金沙有关系吗？

以往学术界有一个惯有的认识，觉得三星堆衰亡了，重心转移到金沙。这个认识应该是正确的，但是三星堆和金沙的关系也不仅仅这么简单——它们可能还有一个同时期的、并行繁荣的阶段。果真如此的话，在这个并行阶段，三星堆、金沙两个中心是不是发挥不同的功能？不同的人有不同的意见，现在还没有定论。

金沙遗址出土的青铜器，很少见到大件的，尤其容器之类的很少。但有一些青铜容器的碎片，器型、纹饰跟三星堆祭祀坑出的非常相似。我甚至大胆提出一个假想，谁将来愿意试一试，把金沙这些铜器残片跟三星堆祭祀坑的残片拼一拼，如果隔这么远的能拼上，那就意义非凡了！在金沙发现的青铜残片主要就是商代晚期的，那是三星堆最辉煌的年代。

▲ 金沙出土的铜鸟（莫克夏/摄）

▲ 三星堆青铜鸟形饰（耿朔/摄）

为什么金沙的器物器型变小了？是不是跟铜料的匮乏有关系呢？

我们现在的研究结果表明，金沙时期用的原料跟三星堆时期确实是完全不一样的。而且从金沙往后，用的原料是相对一致的。所以我一直想，金沙在西周这个时期，可能开始利用当地附近矿山的原料。我猜测这个矿山可能非常大，储量丰富，因为我们分析很多汉代、唐代的青铜器，都有这种原料的特点。可能是成都平原附近一座大型矿山，但是还不确定在哪儿。

金沙的青铜器变小了，是不是跟原料的缺乏有关系呢？我觉得也不一定，可能跟技术层面也有关系。我们前面讲三星堆的技术不仅有它本身的技术，还有很多来自商文化，来自长江流域青铜文化的技术。但是到了金沙的时候，我们发现它跟中原的交流，跟长江流域的交流，明显变少了很多。

◀ 金沙出土的铜立人（莫克夏/摄）
铜立人身着长袍，腰佩短杖，头戴太阳形冠，双臂呈环抱状姿势，神情威严肃穆，应属巫师作法的形象，造型与三星堆青铜大立人颇相似。

说完了青铜原料,我们再看青铜的技术,也发现了很有意思的现象。大家下次去博物馆的时候仔细看看,你会看到很多面具上额头正中有这种方孔。你再仔细去看,会发现这个孔特别不规整。

掌握铸造知识的人看到会觉得很难理解。为什么?如果你能找一块薄一点的铜板,想办法在上面开一个孔,不能用钢铁的工具,用什么工具都可以,大家看看能不能把这个孔给开出来。我相信你折腾到天荒地老,也开不出这个孔,这是一件非常费劲的事。但是如果你在铸造的时候,在这儿设一个范,就很容易把这个孔做出来。那么,三星堆人为什么不直接在铸造的时候把它做出来,而是在后面费这么大的力气划出来?

我们看右边这张照片的放大图。这个工匠直接就划崩溃了,在这儿划了两道线,实在划不动了,第三道线划了一半,就算了,勉强在这儿钻一个孔。你看,对他来说也很费劲,为什么要这么做呢?很不符合常理。

学者们有一个推测，这种面具可能有些不是三星堆人自己做的，别人做了，给他拿过来之后，他一看，这个东西我需要在这儿开个孔才能用。怎么办？也不能重新做了，我就自己开吧。我想这也不一定是唯一的解释，古人有很多想法，跟我们现在不太一样。开这个孔要干什么呢？也许是有宗教上的意义，有点像开天眼一样？会不会开这个孔之前代表一种意义，后来又通过某种仪式开一个孔？是不是开了孔，接了一种复杂装饰之后，就代表他的身份有了某种宗教意义上的转变呢？这完全是猜想，不过也有一些可能性。

我们在一些青铜容器的圈足上也发现了一些孔。这些孔和面具上的孔一样，是一种连接孔，是为了把这个尊跟下面的一个人像，或者其他什么东西，连接在一起。

▲ 三星堆铜尊

▲ 殷墟铜尊

▲ 青铜人像

❓ **为什么要做青铜器呢？**

无论是对于三星堆，还是同时期的中原商王朝，绝大多数青铜器没有什么太多的实用功能。三星堆出过各种各样的小铜铃铛，里面有的是有铃舌的，可以真正发出响声。这是三星堆为数不多可能有实际功能的物件。但是这个东西怎么用也不清楚，因为大大小小的都有，可能是当风铃使用的，还有从小到大、有点像编钟一样的。三星堆绝大部分青铜器都是跟祭祀、宗教相关的。也有所谓的青铜武器，像青铜戈之类的，但是它很小，没有实际的功能，也不锋利，是打不了仗的，可能是仪仗用器。

做青铜器，无论对谁来说都是特别耗费社会资源的事，要把大量的人力、物力、财力投进去，去构建什么呢？在中原是礼制，在三星堆是宗教，都是一套与精神信仰有关的东西。 这套信仰是维护社会组织，维持政治秩序的重要系统。世界上的很多早期文明都是政教合一，宗教、政治，两者密不可分。最高等级的王，同时也是大祭司，在很多文明中都是这样。三星堆是不是这样的情况不得而知，但这种可能性是存在的。

◀ 鹰形铜铃

▶ 兽面纹铃

◀ 青铜戈

右边这个器物我们观察一下，它很像河南地区做出来的，它的孔像是铸造出来的，而不是后来钻出来的。这背后的逻辑是什么呢？如果真是河南殷墟那边生产的，那意味着它在生产的时候，直接就在圈足上铸出小孔，而这个小孔，在当时只有三星堆人需要，其他地方的人都不需要。如果我们这种推论正确，那么意味着，当时殷墟的人为了符合三星堆人的需求，直接为他们定制了这种有孔的青铜器，然后运过来。当然这些现在还都是猜测，还需要更多的证据来说明。

▶ 青铜顶尊跪坐人像

我建议下次大家去博物馆，当展柜的正面围了很多人的时候，你就走到展柜的后面看一看。这种面具，你走到后面看，会发现有更多铸造技术中很有意思的迹象。

　　同样都是大面具，有的耳朵就有这种像补丁一样的东西，这个痕迹说明耳朵跟脸是分开铸造，再连接起来的。有的耳朵上就看不到这样的痕迹，那就说明耳朵与脸是一次性整体做出来的。这都反映了三星堆青铜器的技术体系是比较复杂的。

> **在三星堆，不同的原料、技术、风格交融为一体。**

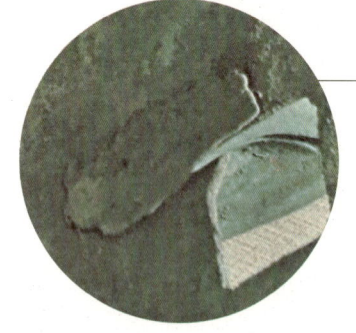

　　具体哪些是工匠过来做的，哪些是东西做好运过来的，这个情况更加复杂，我们现在还在做相关的研究。

　　我们现在对于三星堆青铜器的产地虽然没有最终结论，但其也绝不可能跟外星人或者埃及人有关。从科学的角度来讲，三星堆青铜器的制作很复杂：可能有一些是当地做的；也有一些是殷墟的工匠过来做的，或者是在殷墟直接做好运过来的；还有一些是在现在湖南、安徽、湖北这样一些区域做的，然后运过来。

▲ 青铜纵目面具（莫克夏/摄）

▲ 青铜面具（耿朔/摄）

▶ 青铜纵目面具（莫克夏/摄）

新一轮挖掘出了哪些重要的青铜器?

前面我们讲了不少青铜器的知识,那么,现在我们就一起来看看,三星堆新一轮的发掘到底出了哪些重要的青铜器。

早在1986年,三星堆就发现了1号和2号祭祀坑,震惊了全世界。时隔三十多年,2019年开始又重启了寻找祭祀坑的工作。从2020年起,新发现的6座祭祀坑开始发掘。这次发掘由四川省文物考古研究院总负责,北京大学、四川大学、上海大学的师生团队各自承担了不同坑的发掘工作。前后出土了编号文物17 000多件,当然不少是残片,不过这个数量还未涵盖仍在发掘中的5号坑和6号坑的文物。

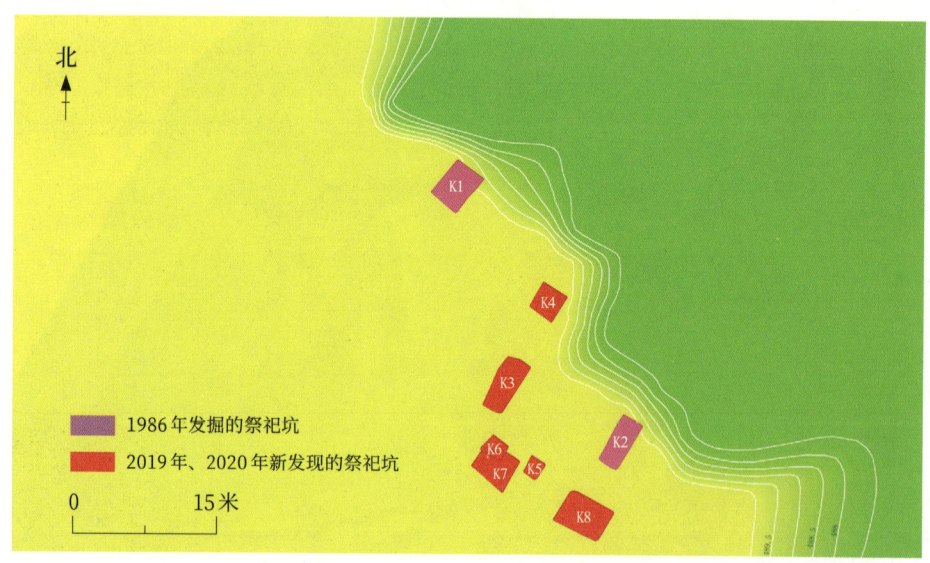

青铜顶尊跪坐人像（耿朔/摄）

顶尊跪坐人像与"吹风机狗"

这件器物是在新一轮发掘中的3号坑出土的，它在三星堆非常有代表性，我们叫它跪坐顶尊人像或顶尊跪坐人像。

大家能看得出来，这件器物下面是一个人，双手做出一个礼拜的姿势，跪在这儿，脑袋上面还顶着一个尊。它重要的点在哪儿呢？从铸造技术的角度来讲，这个人跟上面的尊是分开做的，然后再连接到一起。我甚至猜测，这两件东西说不准是不同地区生产的，然后在三星堆这儿组装的。而且下面的人是典型的三星堆风格，上面的尊，在长江流域是比较普遍的。

▲ 青铜顶尊跪坐人像（局部）(耿朔/摄)

还有一个有意思的点,是尊上面龙的装饰。其实这些龙也是后来加上去的。长江流域很多地方都有这样的尊,但是加了龙的尊很少见。三星堆人是怎么做的呢?他们在这个尊上凿了几个孔,然后通过孔把龙连接上去。真是很聪明的创造。

这也是三星堆人很有趣的地方,他们很喜欢改造东西。假如这个尊是我从湖北买过来的,买过来之后我觉得不满意,就按自己的喜好在上面加两个翅膀。融会贯通,为我所用,这是三星堆人一个很大的长处。

▲ 青铜顶尊跪坐人像(局部)(耿朔/摄)

◀ 青铜龙形饰
（莫克夏/摄）

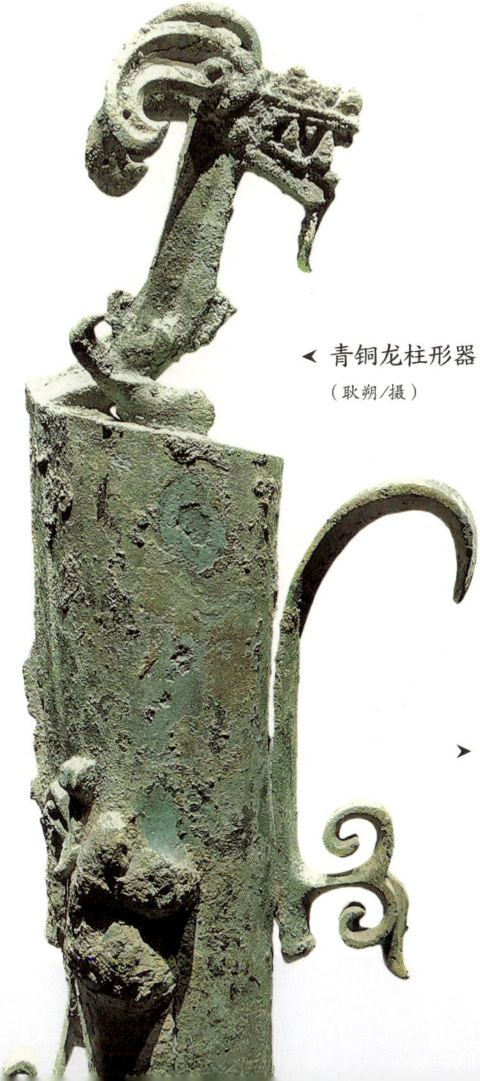

◀ 青铜龙柱形器
（耿朔/摄）

▶ 青铜爬龙器盖
（耿朔/摄）

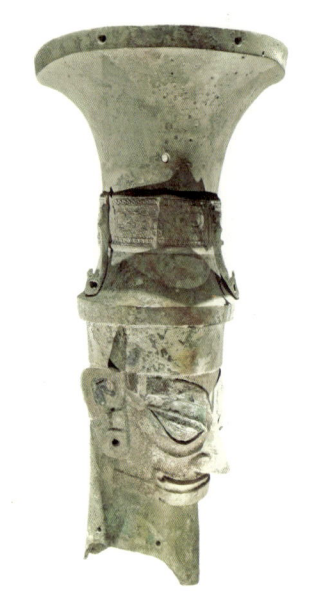

▲ 青铜顶尊人头像（耿朔/摄）

▲ 青铜神兽（耿朔/摄）

　　还有一个重要的问题，这件尊是干什么用的？现在我们就来讲讲它的功能。这类尊在中原是酒器，装酒用的，算是一种礼器。但是在这儿是干什么用的呢？我们发现了大量的尊里面都装了很多海贝。三星堆的海贝是来自热带海域的，比如像中国南海、印度洋那样的热带海域。海贝是干什么用的呢？一个流行的观点，把海贝当货币来使用，这是在世界各地都普遍存在的风俗。所以，这件尊在中原那儿可能是当酒壶用，但是在三星堆，它有点像存钱罐一样，装着海贝这样的珍贵资源。人头上顶着一件尊，这个动作也很有意思，我觉得这是很写实的动作。现实世界中，无论古代还是现代都有用头顶重物的例子。像中国东北的朝鲜族、西南的傣族、独龙族，以及国外的，如印度和非洲等地的民族，都习惯于用头顶东西搬运。所以，这件顶尊跪坐人像很可能是三星堆人实际存在过的动作或习惯。他脑袋上顶着这么一个大大的存钱罐，做一个跪拜的姿态，可能表达的就是向更高的统治者进献珍贵的资源，类似进贡的意思。

　　这件器物在博物馆可以看到，是这一轮发掘出土的很重要的器物。右图最上面的顶尊跪坐人像就是前面讲到的，它只是整件器物的一部分。这个顶着尊的人还不是跪在地上的，而是跪在一个青铜的神兽上。大家都在猜它到底是什么兽。发掘的时候考古队员们私下开玩笑，管它叫吹风机狗。因为它的嘴又扁又方，像个吹风机的吹风口。

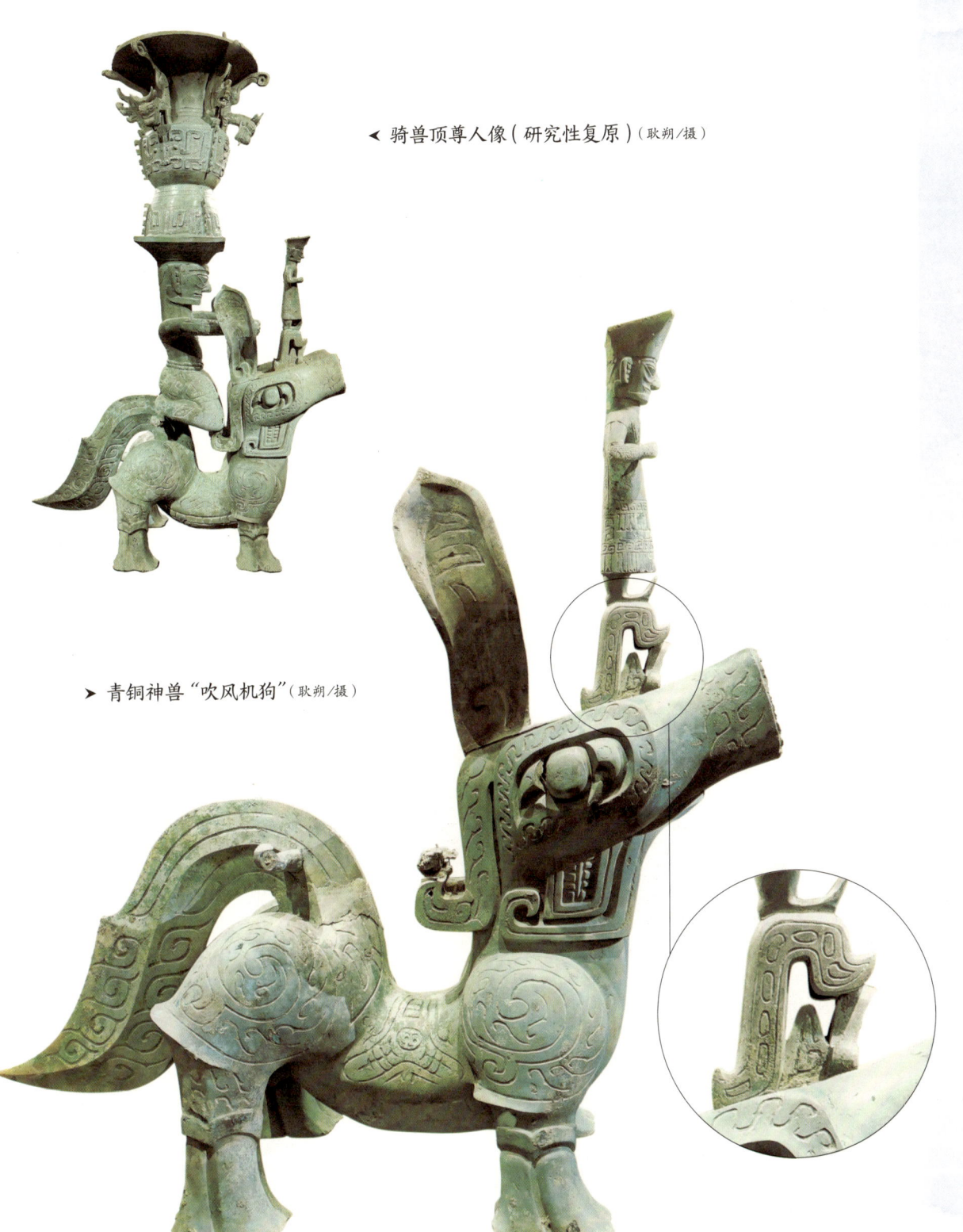

◀ 骑兽顶尊人像（研究性复原）（耿朔/摄）

▶ 青铜神兽"吹风机狗"（耿朔/摄）

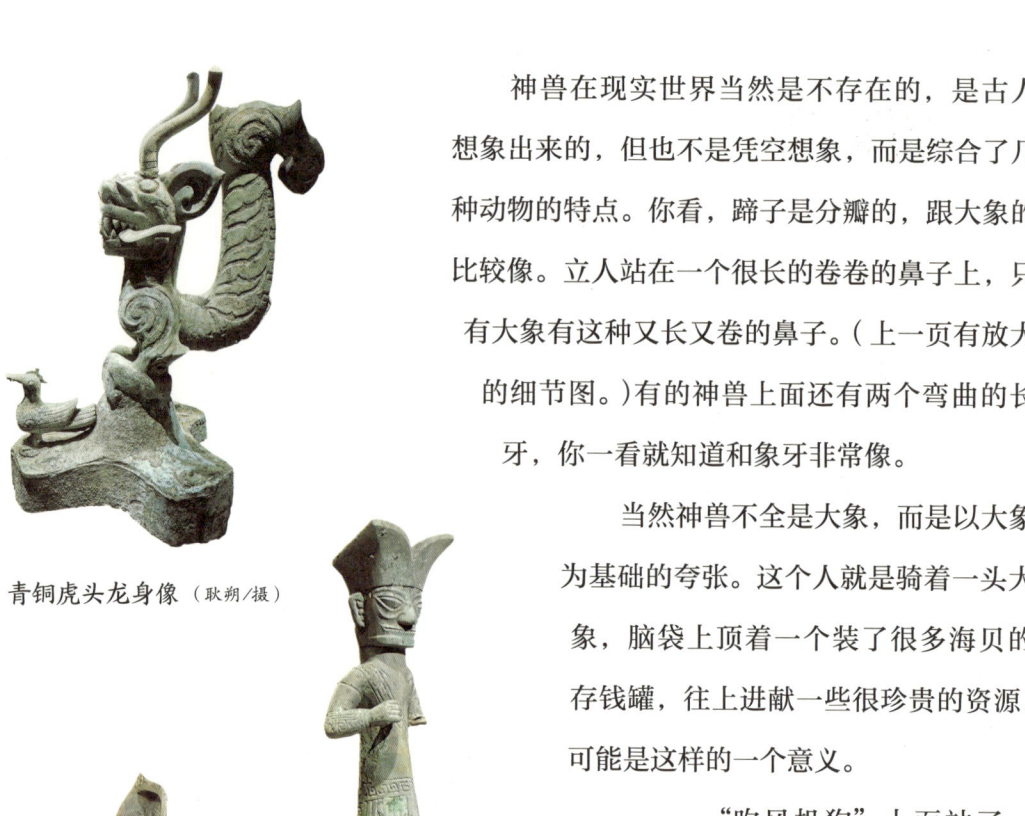

▲ 青铜虎头龙身像（耿朔/摄）

神兽在现实世界当然是不存在的，是古人想象出来的，但也不是凭空想象，而是综合了几种动物的特点。你看，蹄子是分瓣的，跟大象的比较像。立人站在一个很长的卷卷的鼻子上，只有大象有这种又长又卷的鼻子。（上一页有放大的细节图。）有的神兽上面还有两个弯曲的长牙，你一看就知道和象牙非常像。

当然神兽不全是大象，而是以大象为基础的夸张。这个人就是骑着一头大象，脑袋上顶着一个装了很多海贝的存钱罐，往上进献一些很珍贵的资源，可能是这样的一个意义。

"吹风机狗"上面站了一个小的人，不知道大家看着眼不眼熟？它跟三星堆的镇馆之宝，最高的青铜大立人是长得非常像的，穿的衣服也都是一样的。这一类的人，我们认为它是三星堆等级最高的人，也就是王或者大祭司。

◀ 青铜神兽"吹风机狗"（耿朔/摄）

青铜大立人手里拿的是什么？

很多人猜测是象牙，这是最多的一个猜测，因为有一个弯的弧度。我认为象牙有可能，其他也都有可能。我的观点是，他们手里这个东西不是固定的，不是所有大立人手里拿的都是一样的东西。我们现在已经发现了一件小的人像，形象跟大立人差不多，他手里拿的就是一件龙形的器物。有一座神坛上有四个小人，手里拿的也是不同东西。

◀ 青铜持龙杖形器立人像（耿朔/摄）

▲ 青铜神坛复原线稿

所以，这件顶尊跪坐人像表现的也许就是大祭司在主持一场祭祀仪式。在这场仪式里，一个人骑着大象神兽，头上顶着装满海贝的铜尊，做出礼拜的姿势，向上进献珍贵的资源。再拓展一点，前面给大家讲了，我个人认为三星堆是一个对外的交流辐射能力非常强的文化，很多资源都在这儿集聚、转运，其实跟这件器物表现的形象、表达的内容是有关系的。

▶ 青铜大立人（耿朔/摄）

么我说大家都见过?因为它是上过春晚的。这件大面具在土里埋了几千年,发掘出来时还很"羞涩",脸朝下放着,被象牙层层叠叠地压着。这张照片是把它提取出来之后,拍的第一张照片。大家经常说,沉睡三千年,一醒惊天下,这是大面具再现世间,与照相机对视的第一眼。

▼ 青铜大面具（刘珺/摄）

宽131厘米，高71厘米，深66厘米，重131斤，其宽颐广额、棱角分明，眉部、眼睛、嘴唇等线条流畅，皆突出于面部，粗长眉作扬起状，面具的两侧上下及额部正中有方形穿孔，可能是有固定用途。

不太高兴的"三胞胎"

在比较小的器物中，这"三胞胎"也是明星器物，有着很典型的三星堆特点。青铜人的形象发现了很多，但这"三胞胎"最重要的特点是表情特别写实。我们看它的表情栩栩如生，好像不太开心的样子，就像小朋友明天要交寒假作业，今天还没有写出一个字来。

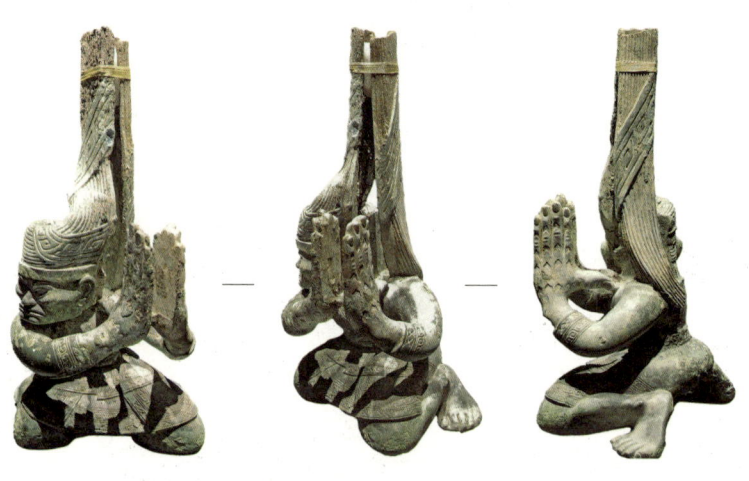

▲ 青铜人（耿朔/摄）

❓ **三星堆青铜人的发型有什么含义吗？**

很多学者做过研究，有人认为是族群的差异，有人觉得可能跟等级有关。髻发、辫发是不是代表着不同的人群？我觉得是有可能的，只是我们目前还没有发现能够直接印证这个问题的考古材料。那什么样的材料才能证明呢？比如将来我们发现一个三星堆的墓地，东边墓葬的随葬品都是髻发的人头像，西边随葬的是辫发的人头像。通过做人骨的DNA了解到西边的人群和东边的人群是不一样的，那就有比较确定的证据了。但是，我们目前的材料还远远不够。现在三星堆很缺乏关于人骨、关于墓葬的材料。高等级墓葬，尤其是王陵，完全没有迹象。但反过来想，三星堆将来还会有重大的考古发现，再次震惊世界。考古发现有时是带着点运气的，有时费力去找却怎么也找不到，但偶然的一铲就可能有震惊世界的发现。

为什么这个表情和面目形象特别重要？我们去看三星堆人像，大部分是夸张的表达，眼睛巨大，表情似笑非笑。当然没有人是真的长成那个样子，只不过是艺术化的表达而已。而这个人从面目的形象到表情都是特别写实的，通过它我们大概能了解到当时人的长相。当然了，它也有夸张的地方，尤其是它的头发长得吓人，现在断了，原本应该更长。这"三胞胎"应该是作为一组器物来使用的，可能是什么东西的底座。

▶ 青铜人（耿朔/摄）

"月光宝盒"龟背形网格状器

如果要评一件三星堆最奇怪、最特殊的青铜器，我觉得这件器物毫无疑问要当选。它在网上被讨论得也很多，有的网友管它叫烧烤架，有的管它叫月光宝盒。首先它跟烧烤架肯定是没关系的，虽然网格看起来有点像烧烤架。网格的部分是青铜做的，模仿的是什么呢？应该是一种竹筐、藤筐之类的容器。你看网格的边缘，好像捆绑得更为密集，是不是很像竹筐收边的技术？当然了，这只是我个人的猜测。

这件东西是干什么用的？现在我们完全无法理解。外面是青铜的网格，上下对称，中间还装着一块完整的玉，磨制得非常光滑。这块玉，最长的地方竟然超过了半米！光找到这样的材料就非常了不得。虽然现在我们也不知道它是干什么用的，但它应该没有什么实用的功能，大概率是一种与祭祀相关的器物。

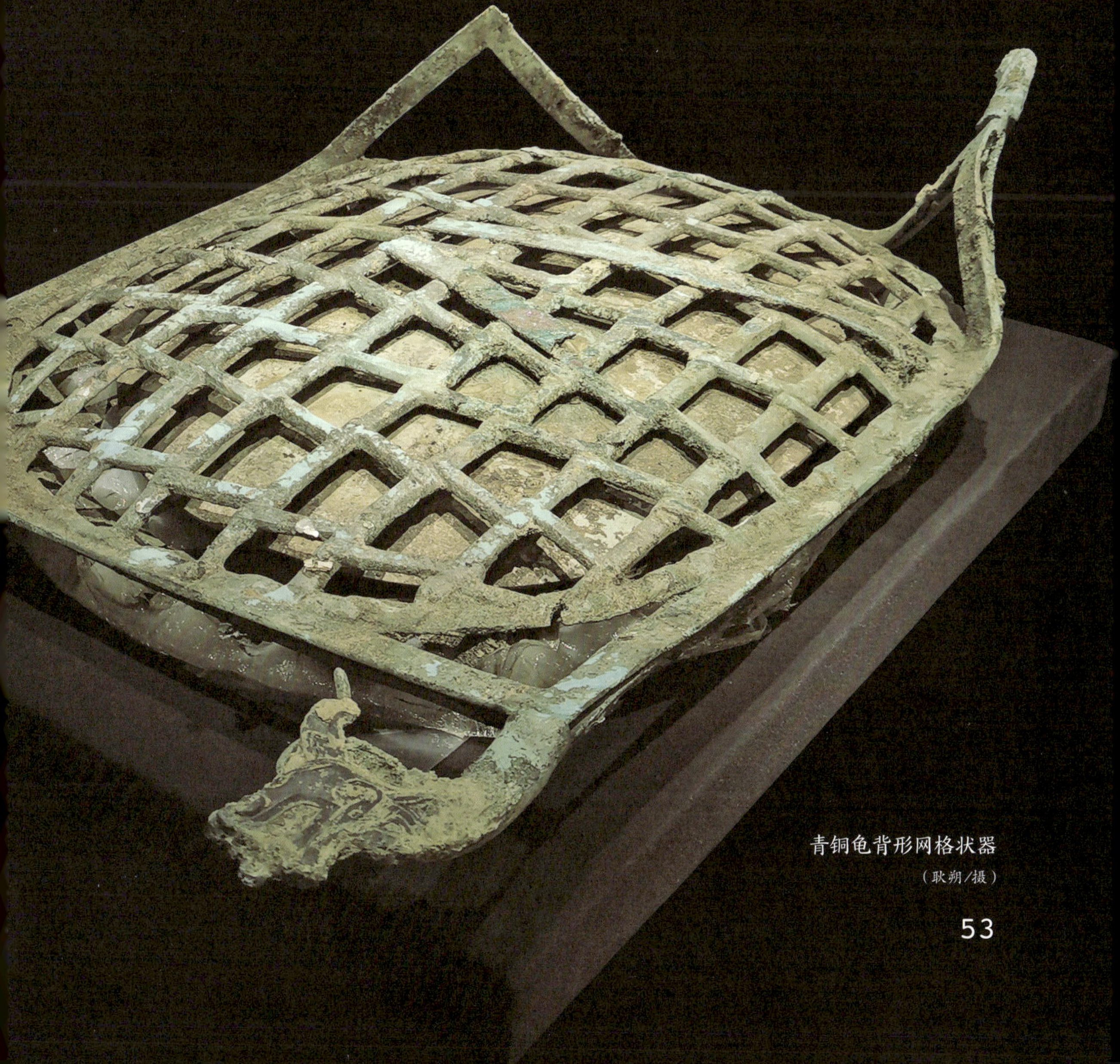

青铜龟背形网格状器

(耿朔/摄)

青铜神坛上的坐姿小人

这件青铜神坛，现在也在博物馆展出了。这件神坛最重要的特点就是人多。有多少呢？整件器物加起来有20多个人！光这一层的神坛就有13个人，13个人的功能还各自不同。最有意思的是坐在中间的小人。

▲ 青铜神坛（研究性复原）

▲ 青铜神坛顶部（耿朔/摄）

◀ 青铜神坛底座（耿朔/摄）

这个小人是在三星堆发现的唯一坐姿的小人。什么叫坐姿？就是我们现代人坐在椅子上的姿势。我们现在流行的坐姿是在比较晚的历史时期才出现的。在三星堆这个时代，通常的姿态就是跪坐，三星堆大部分人像的坐姿是跪坐。

那这个坐姿如此特别，是不是代表了不同的身份或等级？这个目前还不清楚。另外，这个小人的发型也很酷，其实我们不知道这是它的头发还是它的冠饰。最关键的是它的耳朵不像是人的耳朵，嘴里面还长着獠牙。这样一看，它确实是一个身份等级很不寻常的人。这样的小人一共有四个，分别在神坛四边的中间，它们的身份之谜还有待进一步探究。

▲ 青铜坐姿小人（耿朔/摄）

▲ 青铜跪坐人像

（耿朔/摄）

55

关于三星堆的青铜器要讲起来的话,可以讲几天几夜也讲不完。如果按照件数讲,更是没法讲。现在大家去逛三星堆的新博物馆,一天下来会觉得特别累,其实这次陈列的新出土文物只是很小的一部分。前面我们说了,新发掘的编号文物就有17 000多件。当然其中有很多碎片,需要最终拼接在一起才能形成一件完整的器物。

三星堆新一轮的考古工作这两年才刚结束,接下来还需要大量的时间来整理材料,研究问题。这要耗费的不只是几年,可能是几十年,甚至是几辈子。

▲ 三星堆博物馆新馆外景(耿朔/摄)

【给孩子的话】

三星堆就是这样，考古工作也是这样，我们每一代考古人都只能解决很有限的问题，在现有的技术条件下做工作，很多待解之谜需要未来的人去揭开。三星堆遗址的面积大概是12平方千米（1平方千米=100万平方米），经过考古发掘的不过万余平方米。

所以说，我们现在发现的三星堆也只是冰山一角，关于它还有很多未知的考古发现，还有很多待解的谜题。当然这些问题也不能只靠考古学家。年轻的朋友们如果有兴趣的话，多去参观博物馆，多带着一些基本的问题去思考，运用科学的逻辑去探索。说不准哪一天有一些重要的谜题，就是由读完这本书的你们去解开的。

黎海超

四川大学三星堆考古队队长

【考古学家小传】

> 算起来，我们已经算坚守在三星堆的第四代川大考古人了。历经百年多学科交叉，科技考古已经成为中国新时代考古的关键词。大家在新的祭祀坑上搭建起考古方舱，为文物提供最好的保存环境。运用科技，考古人也有了千里眼、顺风耳。

黎海超，1988年6月生，籍贯内蒙古赤峰。

北京大学考古文博学院博士，牛津大学联合培养博士，哈佛大学访问学者，国家"万人计划"青年拔尖人才。2016年入职四川大学，2020年晋升为教授，现任四川大学国家级考古学实验教学中心文物分析实验室主任，国家社科基金重大招标项目"三星堆文化与中国文明研究"首席专家，三星堆5号、6号、7号坑发掘负责人。

研究方向为商周考古、科技考古，致力于综合考古与科技方法，在资源与社会、中心与周边、贸易与互换的视角下讨论各类资源的生产与流通。

从资源到社会，探索考古与科技的融合

2006年，黎海超考入武汉大学的历史学基地班。大二时，他选择了考古专业，一路读到硕士。他最早的学术兴趣，是从青铜器开始的。这与他的硕士导师张昌平密不可分。张昌平是武汉大学青铜文明研究中心主任，在青铜器研究领域取得了一系列有国际影响力的学术成果。黎海超对青铜器也很感兴趣，他学商周考古以青铜器为主要切入点，跟着张老师系统学习了青铜器的器形、纹饰、制作工艺等，也接触到跨学科、多视角的研究方法。

在武大读完硕士后，黎海超来到北京大学考古文博学院读博士。在北大，他又遇到对他影响深远的导师徐天进。徐老师经常跟学生们讲，要打开眼界。他给黎海超提了一个宏大的课题，"资源与社会"。这让黎海超感到非常兴奋。"资源与社会"是要通过物质遗存来讨论古代人与社会、人与文化之间的关系。很难，却又很新，这让对传统题目提不起兴趣的黎海超一下子找到了方向。

因为之前有研究青铜器的基础，黎海超就顺着这个路子，把切入点放在讨论青铜资源与商周社会的关系上，因为在商周时期，青铜是最重要的资源。他曾经来到安徽铜陵，作为主要发掘者参与青铜冶铸相关重要遗址的发掘。长江下游的安徽铜陵，是商周时期铜资源的核心地带，黎海超带着关于铜资源的种种问题开始了这次发掘。在田野考察时，他们经常会发现青铜冶炼后剩下的炼渣。团队里有理科背景的队员见到这些炼铜的残渣后，就把它们当宝贝一样收集起来，这让黎海超很受启发。同样一个渣子，对于没有科技背景的人，可能就是没有任何用处的废弃物；但是如果有了专业的背景，那就能够由此解决关于青铜冶炼技术这样非常重要的问题。

徐天进的思想很前沿，他知道科技对于当下考古研究的突破至关重要，所以一直鼓励黎海超去大胆探索。后来，黎海超在徐老师的帮助下，远赴牛津大学考古与艺术史实验室，学习科技考古。他们都相信，未来的中国考古，将是人文与科技的结合。

来到川大，与三星堆相遇

黎海超现在是四川大学考古文博学院最年轻的教授。27岁那年，他博士毕业，同时收到四川大学的聘书。他来川大后不久，《古蜀文明保护传承工程实施方案》启动。其中一个目标，是在"2025年建立起较为完善的古蜀文明保护传承体系"。

川大考古在三星堆发掘方面有着相当悠久的传统，可以追溯到1934年。华西协和大学（四川大学前身）博物馆馆长葛维汉组建考古队，第一次对三星堆遗址进行发掘工作。最近的一次是在2020年12月，川大考古队入驻三星堆，参与新发现祭祀坑的发掘工作。

在新一轮的挖掘中，三星堆祭祀区又发现了6座祭祀坑，黎海超成为5号、6号、7号祭祀坑的"坑长"，负责统筹管理考古发掘的所有工作。用黎海超的话说，"好像之前人生的所有选择，都是为了成全这一刻"。

> 我会把接下来的30年,甚至一辈子都献给三星堆,揭开中华文化的神秘面纱。

虽然发掘难度大,但总能给黎海超带来惊喜。"5号坑虽然最小,但是从最开始就一直在刷新我们的认知,里面器物的细碎程度、组合的复杂关系,几乎是所有坑里最复杂的。6号坑以打破的关系出现在7号坑的西北角,两个坑形成时间有先后,坑上有坑,发掘难度很大。"

队员们曾在5号坑发掘到一小块隐藏在土中的金箔片。越清理,金箔的面积越大。渐渐地,露出了一个类似耳朵的轮廓,"我们恍然大悟,是个金面具!"当泥土一点点被拨开,半张黄金面具呈现在众人面前。"这是重新发掘以来第一件重要的文物!当时那种兴奋真的没法用语言形容。"

这样的瞬间,黎海超还经历了很多,对出土器物研究的结果更是精彩不断。他在川大建立了一个文物分析实验室,引进最先进的技术对文物进行检测。关于三星堆青铜器产地的研究就是在这所实验室中完成的。在科技的帮助下,古人的智慧再一次刷新了当下人的认知。

> 最开始我很担心这些年轻队员能不能吃苦,能不能接受得了这种挑战,最后发现这些担心都是多余的,因为支撑这些年轻人的是真正的热爱。对祖国的文化瑰宝发自内心的热爱,让他们有这种坚持,有这种坚守。

把热爱注入职业,年轻不设限

"年轻化"是三星堆考古的一大特点。"我们几个坑长基本是'80后''90后',队员基本是'90后',甚至'00后'。"在黎海超看来,其实大多数青年人不缺乏吃苦耐劳的精神。最重要的,是要找到自己真正热爱的东西。当热爱与职业相结合,奋斗起来才有动力,工作起来也快乐,再苦再累也愿意坚持到底。

让黎海超印象最深的,是在7号坑中那200多根象牙的提取过程。他说,虽然在象牙提取时运用了很多高科技设备,但基本的清理和发掘还需要人来做。那个阶段大家每天都要加班加点,甚至经常干到后半夜。队员要一直趴在架子上长时间劳作,但他们一点怨言都没有。因为象牙经过了上千年的磨蚀,再加上彼此之间的叠压状态,提取象牙时间越长,它们遭受的破坏就会越多,所以大家目标一致,即使辛苦一点也要给象牙更好的保护环境。

> " 现在三星堆的挖掘只是冰山一角,需要一代代考古人延续下去。更多惊喜,未完待续。"

"除了找到自己真正喜欢的工作,不给自己'画圈'也很重要。"黎海超希望年轻的学生们不要迷信权威,充分发挥青年人的潜力。只有不给自己设限,才可以无限地扩充,获得更多可能性。

2023年5月,四川大学三星堆遗址考古队被授予第27届"中国青年五四奖章"集体荣誉。如今,像黎海超这样优秀的新一代考古人已经逐渐扛起了担子,肩负起属于自己的文化使命。他们的努力和智慧,正在创造着更灿烂的文明。

图书在版编目（CIP）数据

考古学家带你看中国. 三星堆 / 黎海超著. — 北京：中国经济出版社, 2024.10. — ISBN 978-7-5136-7820-9

Ⅰ. K878-49

中国国家版本馆 CIP 数据核字第 2024X2X418 号

审图号：GS 京（2024）1764 号

特邀策划	活字文化 黄　昕
策划编辑	龚风光　张娟娟
责任编辑	张娟娟
责任印制	马小宾
封面设计	知雨林
内文排版	陈小娟
内文插画	邓　语
营销支持	廖　琛　杨皓捷

出版发行	中国经济出版社
印　刷　者	北京富泰印刷有限责任公司
经　销　者	各地新华书店
开　　本	787mm×1092mm　1/16
印　　张	4.25
字　　数	56 千字
版　　次	2024 年 10 月第 1 版
印　　次	2024 年 10 月第 1 次
定　　价	39.80 元

广告经营许可证　京西工商广字第 8179 号

中国经济出版社　网址 www.economyph.com　社址 北京市东城区安定门外大街 58 号　邮编 100011
本版图书如存在印装质量问题，请与本社销售中心联系调换（联系电话：010-57512564）

版权所有　盗版必究（举报电话：010-57512600）
国家版权局反盗版举报中心（举报电话：12390）　　服务热线：010-57512564